POR TUS OJOS OLVIDO EL SILENCIO

ExLibric

ANTONIO CANO CEJAS

POR TUS OJOS OLVIDO
EL SILENCIO

EXLIBRIC

ANTEQUERA 2025

POR TUS OJOS OLVIDO EL SILENCIO
© Antonio Cano Cejas
Diseño de portada: Dpto. de Diseño Gráfico Exlibric

Iª edición

© ExLibric, 2025.

Editado por: ExLibric
c/ Cueva de Viera, 2, Local 3
Centro Negocios CADI
29200 Antequera (Málaga)
Teléfono: 952 70 60 04
Fax: 952 84 55 03
Correo electrónico: exlibric@exlibric.com
Internet: www.exlibric.com

ISBN: 979-13-87528-83-6
Depósito Legal: MA 60-2025

Impresión: PODiPrint
Impreso en Andalucía – España

Nota de la editorial: ExLibric pertenece a Innovación y Cualificación S. L.

ANTONIO CANO CEJAS

POR TUS OJOS OLVIDO
EL SILENCIO

Prólogo

Como bien describe el autor de este libro que usted tiene entre sus manos, Antonio Cano Cejas ama la poesía como su propia vida (poema 19). Y es que Antonio lleva escribiendo, creando, amando y creyendo en el amor verdadero al unísono.

En estos tiempos en los que nos quieren instaurar una pasión edulcorada y amores descafeinados, es osado publicar un libro de poesía como ha hecho Antonio, lleno de sentimientos y emociones.

Este poemario es un testimonio de la humanidad del autor, junto con el lenguaje universal del amor, el desamor, los encuentros de las parejas y las tristes despedidas.

Por tus ojos olvido el silencio no solo nos muestra un título, sino que también nos ofrece figuras literarias que nos adentrarán en paisajes ya conocidos como el mar y los amaneceres de los amantes. También transitaremos por diferentes etapas de nuestra vida, lugares y amores, con sus luces y sombras.

Cada uno de los poemas tiene tintes vivenciales. Ideal para declararse el 14 de febrero leyendo entre velas tenues el poema «San Valentín», para recordar el transcurso longevo de una relación en «Cuarentas primaveras» o convertirte en protagonista de cualquiera de sus estrofas. Sin que nadie me pregunte, confesaré que «Ojos color del mar» es mi debilidad.

Seguramente no será el único libro que veamos editado de Antonio Cano Cejas, porque él tiene la capacidad de transmitir sus sentimientos a través del arte. Y cuando un verso resuena el alma vuela.

Felicito a Antonio por su valentía y me complace enormemente que me haya otorgado el honor de prologarlo.

Teresa Ramos Díaz
Sexóloga humanista
Palma, enero de 2025

1. Toc, toc

Toc, toc.
¿Quién es?
Soy un soñador.
¿Y qué quieres?
Abrirte el corazón.

Toc, toc.
¿A dónde vas?
A rescatarte vengo.
¿De dónde?
Desde mis sueños.

Toc, toc.
No te ama mi corazón.
Pues moriré de pena.
¿Morirás de amor?
De amor es mi condena.

Toc, toc.
¿Por qué me amas?
¿Por qué brilla el sol?
No tengo palabras,
ni más razones yo.

2. ALLÍ ESTABAS TÚ

Allí estabas tú.

Entre nubes de castillos,
entre millones de sonrisas,
entre algodones sencillos…
Detrás estabas tú.

La hoja mecida por la brisa,
manos que nos arropan,
viejas paredes sin cornisas…

Allí me esperabas tú.

Almas blancas que partían
entre mil palomas blancas
entre sus alas me envolvían.

Allí me sonreías tú.

Espérame entre tus sábanas
arrópame entre tus suspiros,
dispara un «te quiero» a ráfagas.

Allí, para siempre, me verás tú.

3. MAÑANA

Mañana caerá la tarde vencida,
verán mis ojos la oscuridad inerte,
sentirá mi piel el rugir demente
de la muerte acechando mi vida.

Mañana la noche se habrá ido
y se habrán borrado las estrellas,
y el negro se perderá en sus huellas,
y la luna descansará en su nido.

Mañana será enterrado el ayer,
quedará en el recuerdo de mi mente,
será olvidado cuando sea demente.
Volverá cuando muera todo mi ser.

Mañana lloraré entre interrogantes:
¿Por qué he sufrido tan dura condena?
¿Por qué he tenido que vivir esta pena?
¿Por qué no es la vida como antes?

Mañana seremos aire en la tierra
y dormidos estaremos eternamente,
y nuestro descanso se hará paciente,
para no volver nunca a esta guerra.

Mañana todo habrá llegado al fin,
y lo vivido lo tendremos ganado.
Pero… ¿qué será de lo soportado?
¡Quiero olvidar lo perdido aquí!

Mañana las huellas del camino
se habrán ocultado con la brisa.
Mañana el camino cesará deprisa
y será pasto de nuestro destino.

Mañana… ¡Ay del mañana,
que nada será sin su ayer!
¡Ay del mañana que se ve,
que del hoy y del ayer emana!

4. AYER TUVE MIEDO

Ayer tuve miedo
de ver morir la luna
ahogada en cieno.

Mis ojos, una laguna,
se bañaban de dolor,
y la pena era mi cuna.

Ayer moría mi corazón,
porque una paloma blanca
batía sus alas sin amor
y en el horizonte se alejaba.

Mi alma levitaba lenta
tras la tenue luz del alba,
mientras seguía la senda
la noche hacia su cama.

Ayer mi mente era miedo,
y mis ojos, toda la pena,
y mis labios, el recelo
del futuro que me espera.

5. QUIERO HABLARTE

Quiero hablarte…
¡De cuántas cosas
quiero hablarte!

Quiero hablarte
de mi infancia,
y quiero hallarte
en mi esperanza.

En la esperanza
de que camines junto a mí,
mientras oyes mis andanzas,
para que mi vida sea para ti.

Quiero susurrarte al oído
y encenderte la noche oscura.
Quiero tragarme en el olvido
lo peor de mi vida absurda.

Quiero hablarte…
¡De cuántas cosas
quiero hablarte!

Te quiero hablar
de mis alegrías.
Las penas desterrar
quiero de mi vida.

Quiero hablarte de mi corazón,
de cómo te enciende las velas
en la entrada de su amor
y te recibe como su reina.

Hablarte de tanto quiero,
que la vida es insuficiente.
Necesito hasta el eterno,
para llenar de mí tu mente.

Quiero hablarte…
¡De cuántas cosas
quiero hablarte!

6. Ojos color del mar

Porque tienes, niña, en tus ojos la mar.
Todo este mundo te quisiera acoger
y todos los colores se quieren ver
en los colores que pintas al andar.

Galopas por las inmensas llanuras
que llegan a los confines de mi alma,
vertiendo al aire tu cabellera clara,
sin espuelas ni amargas ataduras.

Mar, que juegas en mis arenosas playas
y que luchas por subir hasta la tierra.
Sal y sangre, que mi mala herida cierras,
Agua clara, que refrescas mis entrañas.

Te observo y descubro tanta luz
en unos ojos tan claros y sinceros,
que me ciegan como dos luceros,
derribado y abatido como un alud.

En cada estrella del firmamento
tu nombre escribo con el corazón.
Beso a beso, te derramo mi pasión
por cada ansiado trozo de cuerpo.

Quiero besar tu boca llena de besos
y abrazar tu cuerpo, llenarlo de abrazos.
Quiero iniciar el camino de tus pasos.
Quiero volar a la altura de tus sueños.

Quiero volar a la altura de tus sueños,
encontrar ese misterio que guardas,
insinuado entre tus risas sonrojadas,
en el fondo de tu alma con empeño.

En mis sueños me envuelves con tu aroma,
al rozarme tus sonrosadas mejillas,
y emprendo un viaje a tantas millas,
que hasta el reloj deja de marcar sus horas.

Y el día llegará, como cada mañana,
y nos separará, al alba, el sol de nuevo.
Pero otra vez, en nuestros sueños,
pasearemos por entre rosas blancas.

7. MUAK

Cumple sal muchos años en el mar.
Cumple cuantos años se aprendan
                    con cariño a contar.
                ¡Cuán velas enciendan
millones de estelas al caminar!

Cuando andes paseando por la playa,
acuérdate de agacharte y acariciar
                    la arena que ensaya,
                    para poderte hablar
aquel día en que conmigo vayas.

¡Shhh, calla! ¿No oyes el susurro leve
de aquella ola al besar la tierra calma?
                ¿Oyes el grito breve
                de una alegre alma
que hasta a saludarte se atreve?

En la espuma que alberga tu mar
he echado a la deriva una botella,
                con un beso de verdad
                y cien años de vida bella,
para que nunca dejes de estar.

8. DESEO ADMIRARTE

Deseo admirarte.
Dame tu mano de satén
y déjame mirarte
a esos labios de miel.

Deseo acariciarte.
Déjame llevar mis manos
y entre ellas hallarte
como un eterno descanso.

Deseo susurrarte.
Quiero llevarte mi voz
y dibujar el arte
como quien pinta el sol.

Deseo amarte.
Quiero darte mi corazón
y entregarte…
toda mi vida y mi pasión.

9. Aquella noche de verano

Ojos que observaban vacilantes
al compás de mis pasos decididos,
mientras mi cuerpo, caminante,
se iba acercando entre suspiros.

Negra noche vestida de estrellas,
y, como broche, una luna vergonzosa
brillaba al compás de la brisa aquella,
que nos rodeaba acariciando las rosas.

Toda decisión en mí expiraba
al rozar mis manos su piel,
seda fina que me blanqueaba
mi vista, como la embriaguez.

Hasta hoy no creía en los ángeles
y ella tuvo en mi vida que aparecer,
como un tesoro de diamantes
en una cantera olvidada en el ayer.

De repente, fue la noche iluminada
por aquella sonrisa que me cegó,
y comencé a volar entre las hadas:
el cielo, en torno a mí, se iluminó.

10. DOS AMANTES

Viven la noche amantes los dos…
¡Qué hermoso y mágico número es,
cuando el cómputo somos tú y yo!

Dos son las Osas que guían tu ser
en la noche de negro color,
que indicando al frío norte se ven.

Como el sol y la luna, somos dos:
uno alumbra nuestros rojos besos,
y la otra ilumina el corazón.

Dos, los ojos que visten mis versos,
y hasta me hacen perder mi razón…
¡Los pícaros me hacen prisionero!

Tu oído se llena con mi honda voz
por tus dos orejas de porcelana,
tras tu ágil pelo, al viento, veloz.

Dos somos los fieles amantes
nacidos una noche de amor,
y felices en cualquier instante.

11. DESDE AQUEL ALTO BALCÓN

Desde aquel alto balcón,
¡oh, princesa!,
percibo tu frío dolor.

Caminas con paso lento
por tu florido jardín,
tan lejano el pensamiento
que nada ves junto a ti.

Desde aquel alto balcón,
¡oh, princesa!,
mata el llanto tu pasión.

Quieres arrancar el viento
a frías, secas, dentelladas,
y atrapar el claro cielo
con tus manos arrugadas.

Desde aquel alto balcón,
¡oh, princesa!,
veo fallecer tu ilusión.

Aún no sé por qué te observo;
me pregunto qué te amarga
y cubre tu azul de negro…
¿Quién dejó que en la hoguera ardas?

Desde aquel alto balcón,
¡oh, princesa!,
quiero ver lucir tu amor.

Quiero ver tu sufrimiento,
morir en la hoguera activa.
Quiero ver brillar tu anhelo
por estar alegre y viva.

Desde aquel alto balcón,
¡oh, princesa!,
te otorgo mi corazón.

12. SUSURRO DEL VIENTO

Como el ligero susurro del viento,
ayer te abrazaste a mi corazón,
y allí has arrasado como un ciclón
que ha desordenado mi pensamiento.

Al acercarte a mi lado sentí
como toda mi sangre me abrasaba,
que a borbotones, creí, se escapaba,
llevándose mi corazón carmesí.

Luego emprendió mi cuerpo de repente
el camino hacia la inmensa locura.
Comencé de pronto la noche oscura
a ver bien amanecida en mi mente.

Oí tu dulce voz, y me abrasó mi oído.
Sentí el roce de tu pelo al volar
y creí el infinito azul alcanzar,
mientras echaba mi vida al olvido.

Con la caricia de tus tiernas manos
conseguí lo que nunca imaginé:
¡cuán misteriosa sensación de sed
me atrapó sin remedio en tus brazos!

Un halo te rodeó entonces con su luz.
Tu sonrisa me cegaba y me hirió.
Tu mano me marcaba el corazón,
para siempre, y me apresó en mi cruz.

Dime, ¿es acaso el brillo de tus ojos
el que me aprisiona con sus cadenas?
¿O es, tal vez, tu sonrisa, tan amena,
o tu pelo, o esa voz vestida de oro?

Yo no sé de ti lo que me hechizó.
Tan solo que llegaste a mis adentros
como el susurro del gélido viento,
y hasta mi alma congelaste de amor.

13. Viejo poeta herido (elegía)

Una vela arrugada en la penumbra
daba una luz débil a aquella alcoba.
La vieja silla crujía como nunca
al acercarse a la mesa de caoba.

Con su arrugada mano ennegrecida,
entre sus torcidos y largos dedos,
cogía la pluma, ya casi destruida,
y la bañaba lenta en el tintero.

Sus años pesaban sobre su rostro
aquella noche de estrellas oscuras,
en el centro del cual dos claros ojos
le daban la viveza de dos lunas.

Su corazón, tranquilo en su latir,
hacía llorar a su alma solitaria…
Un poema comenzaba a escribir
de su inseparable pluma manchada.

Mientras, su mente, errante en el ayer,
volaba entre recuerdos de su amor.
¡Esa niña que antaño le hiciera ser
un hábil guerrero hecho de valor!

Cuán recuerdos inundaban su mente,
mientras el silencio envolvía su cuerpo.
Se hacía el tiempo poco a poco inerte,
su vida se escapaba entre los muertos.

Comenzó a escribir y, al segundo verso,
su mano caía pesada sobre el papel.
Volvía la pluma a recitar de nuevo,
hasta que, otra vez, volviera a caer.

Sus mojados ojos, casi cerrados,
apagaban poco a poco la vela,
cuya luz su vida había iluminado
y, débil, se consumía con su estela.

Acabadas cuatro de las estrofas,
caía su cuerpo débil sobre el papel.
Volaba su alma con todas sus hojas,
se apagaba el poema y todo su ser.

14. Una rosa lo hirió

Llora mi corazón lágrimas blancas,
porque una rosa de muerte lo hirió;
con su sincera e inocente mirada,
como la yerta daga lo cruzó.

Mis labios sonreían al verla sonreír.
Mi reloj comenzó en breve a volar,
cuando, por la calle, la vio venir
con delicado paso angelical.

Y, luego de llegar, su tierna voz
parecía salir de la misma luna
y, blanca, su sonrisa dibujó
aquella bandera como ninguna.

Cada vez más sangre ligera mana
de mi pobre corazón malherido;
con una voz débil y entrecortada
grita su nombre en el tenaz olvido.

Millones de cristales de repente
se esparcieron por el frío silencio,
cuando entre toda aquella gente
aquella niña se perdía a lo lejos.

Sus ojos en mi pecho se hundieron
como fríos puñales que a sangre oliesen,
y su nombre en mi alma escribieron
con el fuego que se marca a las reses.

Cada noche la busco entre mis sueños,
como buscan mis pulmones el aire,
y cada vez que de lejos la siento,
mi alma no desea jamás despertarse.

Al fin, ya perdidas mis esperanzas,
mojados mis ojos y el corazón,
fijo la idea de volver mis andanzas
hacia un camino lejos de su amor.

15. POR UN BESO SUYO

Por un beso de sus labios
un sol se apagará para siempre.
Se me hacen los días largos,
eternos los relojes se vuelven.

Por un beso cruzo a nado los mares
y surco en mi velero los cielos.
Mi corazón derrama a raudales
hasta la última gota de mi cuerpo.

Por un beso arden los trigales de oro,
se envenenan las culebras de muerte,
tiembla el río en su lecho con decoro…
En la mitad del día, anochece de repente.

Sentir como se derrama por mis dedos
un beso como el oro en la roja fragua
es como tener todo lo que mis sueños
me regalan cada noche en mi cama.

La emoción comienza a atraparme,
sin piedad, sin escape, sin solución…
Mis manos comienzan a sudarme
y mi mente levita ya con pasión.

Por un beso suyo cuento
gota a gota todos los ríos,
mota a mota el desierto,
rama a rama los eucaliptos.

¡Qué daría yo por tener su beso!
Le daría, estrella a estrella, la noche.
Le pondría la luna en su cuello.
Le regalaría el mejor de los broches.

Nada en este mundo es tan real
que se parezca a sus besos…
Nada podrá nunca alcanzar
la magia de sus labios tersos.

16. COLORES

Rojo.
Arden las fraguas del infierno
sobre los montes de frío cartón.
Mana la sangre de mi cuerpo,
a borbotones, muerto mi corazón.

Azul.
El enamorado cielo sin algodón
se mira en el gran espejo de la mar.
Yo advierto en todo mi interior
la esperanza y la tranquilidad.

Verde.
Cada amanecer se visten los campos
con largas túnicas que atrapan mi vista.
Se fija mi mirada en unos ojos claros
que me van devorando sin que resista.

Amarillo.
Se hace lado entre las nubes de coral.
El sol comienza cada vez más a arder.
Busco su mirada clara como la sal
y veo su pelo en el aire desaparecer.

Negro.
Entre los luceros se derrama la noche,
llenando de oscuridad todo cuanto rodea.
Por su espalda cae su rizado pelo de broche
que pesa en mi vista como una condena.

17. CUARENTA PRIMAVERAS

Cuarenta primaveras apasionadas
llevan latiendo sus dos corazones.
Se colman sus vidas, ya ajadas,
de sueños mustios y viejas ilusiones.

Son los viejos, son los abuelos…
¡Cuánto daría por llegar a tener
esas arrugas llenas de anhelos,
dos vidas unidas en un solo ser!

Sus entristecidas mentes ya no son
testigos del recuerdo más lejano.
Ya solo late entre ellos el amor,
ya no sienten el doliente pasado.

Solos, en sus viejas mecedoras,
descansan sus débiles cuerpos.
Cruzan sus miradas encantadoras,
mientras comparten sus sueños.

Sus nietos, su auténtico bienestar,
llenan su vacío nido de encanto,
y sus hijos les ayudan a soportar
la soledad de sus últimos años.

Juntos amanecen cada mañana,
rezando al llegar la noche oscura,
porque otro amanecer despertaran
lejos de la muerte y su conjura.

18. PECADO DE AMOR

Con casi diecisiete años,
una niña paseaba ilusionada
con su novio de la mano,
bajo aquella noche apagada.

Ella, de familia adinerada,
por sus estudios encurtida.
Él, solitaria vida condenada,
en la calle se ganaba la vida.

Pero el dinero los quemaba…
Que más no pudo el amor
cuando sus padres juzgaban
aquella historia de pasión.

¿Qué pecado habían cometido,
sino encontrarse en el amor
sin preguntar, estar unidos
sin pesar ninguna condición?

Dos vidas se encontraban cada noche
y, entre abrazos, besos y despedidas,
abrían las puertas de sus corazones
bajo millones de estrellas encendidas.

Mas una noche de luna ensangrentada,
el destino quiso separarlos de por vida,
y la pena quiso matar aquella enamorada
bajo un viejo olivo de ramas erguidas.

Bajo aquel olivo quiso acabar muerta
al oír que a su amado lo han prendido
para llevarlo lejos de su vida yerta,
por no querer ser para ella el elegido.

A sus oídos voces de muerte llegaron:
«A tu amado lo prendieron tres asesinos
y muerte bajo la fría noche le han dado
por helados puñales en él hundidos».

Nadie sabe, nadie ve, nadie protesta…
Se siente abatida aquella triste niña,
porque a su amado apartaron de ella
por haberle arrancado el corazón a tiras.

19. AMO LA POESÍA

¿Por qué amo la poesía?
Por el gallardo volar
de las aves que ansían
el infinito alcanzar.

Tal vez, porque adoro
de esta vida lo mejor,
y descarto, sin decoro,
todo aquello que sea dolor.

La amo por el azul y coral
que viste el lejano cielo,
y por sus gotas de cristal
que se rompen en el suelo.

La quiero porque llena
todo lo vacío de esta vida,
y porque viste la tristeza
con el traje de la alegría.

¿Por qué amo la poesía?
Porque me impulsa a volar
por mil y un sueños de fantasía,
donde nunca existe la maldad.

La quiero como quiero la vida,
como quiero lo que veo y siento,
como quiero amistad sin heridas,
como amo a la mujer de mis sueños.

20. DÉJAME...

Cae a raudales tu pelo castaño
como posando para mis ojos,
aquellos luceros que antaño
de la vida fueron dos antojos.

Tu sonrisa esconde la tristeza
que el corazón con tanto empeño
oculta, raudo, tras la maleza
de la que tu interior es dueño.

Dame, niña, tus manos temblorosas.
Dame, niña, tu corazón partido,
que con las lágrimas de unas rosas
quiero borrar cuanto has sufrido.

Sonríe con tus labios de cristal,
muéstrame tu mejor sonrisa,
porque te llevo en un pedestal
que eleva mi alma como la brisa.

Déjame que llore contigo ahora
y ahogar para siempre tus penas.
Luego tocará reírnos con sorna
del pasado destino de condenas.

Déjame llevarte en mis sueños
a Budapest, Viena o Lebrija.
Déjame que juntos volemos
a donde el mismo destino elija.

21. REINA DE MIS MARES

Reina de mis fríos mares,
que los surcas con tu galera…
Entre nieve o tempestades,
haga frío o calor, los navegas.

Ante vos, majestad, me postro,
y admiro con mis ojos cansados
como sois vos el gran tesoro,
y no el oro que os ha coronado.

¡Cómo te admiro, preciosa!
En tus ojos veo dos zafiros,
y en tus labios, una bella rosa
que realza el oro de tus rizos.

Cuando el aire juega con tu pelo,
y la sonrisa llena tu claro semblante,
jamás deseo despertar de ese sueño
que enarbola mi alma, fría, distante.

Quisiera, al estar junto a ti,
que se congelase el tiempo…
¡Quiero gritar, que se pueda oír,
que la distancia es mi lamento!

Dame tu tierna mano,
que vamos juntos a volar.
Soñaremos que nadamos
y que el tiempo dejó de contar.

22. ¿SERÁ EL AMOR…?

Haces de luz llegan a tu mirada
y mi vista atrapa tus ojos encantados
como una rapaz a su presa asustada,
como una ola alcanza la tierra a nado.

Tiembla mi voz, tiembla mi alma;
todo mi orgullo tiembla en mi interior.
¡Cómo tiembla todo en mi morada!
¿Será porque he encontrado el amor?

Me duele el aliento al respirar.
Sufro dolor en mis oídos al oírte
esas palabras que me llegan a tocar
lo más profundo de mi origen.

No hay droga que este dolor me cure.
No hay sensación tan doliente…
¡Te quiero tanto, que mi corazón sufre
como el mal que solo cure la muerte!

Tus ojos son dos cortantes navajas
que se afilan cada vez que te veo,
y tus labios, un arsenal de armas
que se explosionan cuando te leo.

En mis sueños eres mi reina
y, al salir a la calle, te veo andar.
En cada rostro, en cada acera…
Te veo en cada paso que dejo atrás.

23. CONVERSACIONES CON LA LUNA

Luna que me miras, sonrojada,
en los brazos de tu amado sol,
dime… ¿por qué es tan duro el amor
que me hace sufrir por esa dama?

¿Acaso no es el amor en la vida
la felicidad que llegase a alcanzar,
ahogando penas de tiempos atrás,
olvidando esa mísera biografía?

Olvido penas y pesares de antaño,
pero mi mente me martiriza cruel,
porque no puedo estar con esa mujer
de la que ahora me he enamorado.

Mi corazón arde, luna hermosa,
está gravemente herido en su rincón.
¡Sálvalo, te pido, y hacia esa dama,
reina de mi vida, llévame sin dilación!

Tiembla el viento sobre el mar,
enamorado de ti, mi blanca luna,
porque dibuja en ella tu blancura,
porque te aclama al despertar.

Y en mí tiemblan mis carnes,
prietas y oscuras como la noche,
mientras la observo con derroche:
al andar hacia mí, mi cuerpo arde.

24. ALTEA

Encumbran sus blancas casas
altas cúpulas del color del mar,
casas blancas, flores de azahar,
que maravillan mi atenta alma.

Paseo por sus playas de marfil
con un manto de piedra y arena
que acaricia mis pies y mi pena,
y que abrazan las olas sin fin.

Por su paseo despacio camino.
Me olvido allí de casi todo:
se hunden mis penas en lodo,
vagan mis alegrías a su ritmo.

Casi todo olvido de mi recuerdo.
Solo ando y ando hacia adelante.
Solo en mi mente aquel instante.
Solo en mi mente aquel momento.

Pueblo enamorado de la mar.
Pueblo enamorado de la sierra.
Veo a la gaviota cómo planea
y oigo el arrullo de aves al volar.

Sangre derrama la mar a besos
por sus tierras blanquecinas.
Y las estrellas, entre sonrisas,
dibujan un corazón en el cielo.

Y la luna se ha enamorado
del blanco más puro y brillante,
del collar de zafiro y diamante
que luce este pueblo tan salado.

Entre Calpe y Benidorm,
un pueblo cargado de salero.
Entre Alicante y Castellón,
no hay otro al que tanto quiero.

25. FALLECE EL VERANO

Llueve, llueve, llueve…
Lágrimas que brotan
como puñales de nieve
tras el cristal lloran.

Herida yace la blanca luna
tras los montes oscuros.
Lágrimas el cielo expulsa
por sus ojos de oro puro.

Enfermo está el verano,
a punto está de fallecer…
Llega el otoño temprano,
naciendo al atardecer.

Llueve, llueve, llueve…
Es como si la noche
se convirtiese en muerte
tras su capa sin broche.

Quiere calentar alegre el sol,
y no puede más que iluminar.
Y quiere el día ser aún mayor…
La noche se hace cada vez más.

Los luceros que visten el cielo
apenas si pueden encenderse.
Y los pájaros emprenden vuelo
hacia otras tierras más candentes.

Llueve, llueve, llueve…
Mi tristeza me ahoga.
El corazón y la mente
me tiemblan ahora.

Que tiemblan ahora
de miedo, de coraje…
El valor ya no me sobra
para emprender el viaje.

El viaje que me lleve
a otro verano más,
y a dejar frío y nieve…
¡Otra página a recordar!

Llueve, llueve, llueve…
El otoño está a punto de llegar.

26. QUISIERA UN MINUTO MÁS

Quisiera un minuto más
para ver el colorido jardín
vestido con clavel y jazmín,
entre el geranio y el rosal.

Quisiera una hora más
para contemplar tu mirada
y guardar la risa de tu cara,
y acariciarte sin parar.

Quisiera un día más
para acercarme a la luna
y contarle que eres la duna
que de la sed me librarás.

Quisiera un mes más
para ver volar las gaviotas
sobre las enamoradas olas,
viéndonos juntos pasear.

Quisiera un año más
para ver a mi corazón
volver a encontrar el amor
entre tanta soledad.

Quisiera toda la vida
para estar siempre enamorado,
para no separarme de tu lado,
para detener mi huida…

Quisiera para ti toda, toda mi vida.

27. DOS NIÑAS (EL CELÓMETRO)

Dos niñas me enamoran.
Dos diamantes que lucen.
A la vez que me adoran,
las dos pícaras me seducen.

Yo no sé de las dos con cuál
mi corazón está enloqueciendo;
una de ellas es muy sensual;
la otra loca se va volviendo.

Cuando pasan por la calle,
una me mira fijamente;
la otra, como un detalle,
me envía un guiñe ardiente.

¿Con cuál yo me quedaría?
La duda dentro me devora,
me mantiene el alma fría,
me para el corazón ahora.

Las dos de castaño pelo,
de pícara sensualidad,
con ese destapado velo
que no le cubre la verdad.

Las dos serán para mí:
a ninguna puedo rechazar;
las dos niñas, mi sufrir,
de dos ojos que me matarán.

28. SUEÑA UN CLAVEL

Sueña un clavel
con una rica princesa,
con una guapa mujer,
con un amor que no cesa.

Ese clavel fraguado
ansía en su mano posar.
¡Qué belleza de posado
que he podido soñar!

En el jardín es el clavel
como una gota de pasión
en el corazón de esa mujer,
ya engrandecido por amor.

A esa mujer, con un clavel,
quiere este sumiso servidor
hacer obsequio en un cordel
de diademas, brillantes y sol.

Y, abrazado a ese clavel,
un sencillo poema de amor,
algo más que blanco papel,
algo más que simple clamor.

Sueña, sueña, rico clavel,
con ese recital romántico,
con ese sueño de Babel
que acabará en un cántico.

29. Princesa Yannela

No sé por qué será
que siento mi corazón
latirme mucho más.

No sé por qué será
que siento tu calor
y la tierra se vuelve mar.

¿Dónde vas, niña, cantando
con tu blanca sonrisa
y con tus ojos mirando
cómo baila la brisa?

Déjame que te vaya a acariciar,
que te roce tus labios de carmín.
Déjame que saboree tu paladar.

La vida se me cerró
y algo comenzó a brillar:
latía por fin mi corazón,
volvían las olas a la mar.

La luz vencía a la oscuridad,
y los campos verdes se volvían,
y los pájaros arrancaban a volar,
y mis labios por fin ya sonreían.

Tú, mi lucero del alba,
me has salvado de la muerte.
Mi princesa, mi hada,
mi sueño, mi suerte.

Yo quiero ser tu guerrero fiel
y protegerte de la crueldad,
luchar por tus ojos de miel,
que nada te llegue a herir más.

Quiero ver tu pelo negro volar,
libre junto al tenaz viento.
Quiero ver en tu rostro dibujar
tu sonrisa con tu aliento.

Por eso, princesa apasionada,
déjame ser un caballero feliz.
Quiero tocarte y verte dibujada.
¡Quiero tenerte junto a mí!

30. NOCHE DE ESPEJOS ROTOS

La luna se estaba peinando
aquella noche entre las estrellas,
y mi corazón corría, deseando
oír palpitar en su pecho el de ella.

Mi mente soñaba despierta:
«¡Cuántos planes por hacer
rondan nuestras cabezas!
¡Juntos los vamos a ver!».

Aquella noche de espejos rotos
todo se fue ennegreciendo
cuando aquel corazón devoto
se marchitó y fue desapareciendo.

¡No te vayas, paloma mía!
No me dejes aquí muriendo,
que, sin ti, no es igual la vida.
¡Iré poco a poco enloqueciendo!

La luna se teñía bermeja,
los luceros se iban apagando…
Esa mujer de mí se aleja
y mi calor frío se está tornando.

Mi camino se está borrando
y mi alma ya es escarcha.
Todo cuanto fui trazando
en el futuro ya no marcha.

31. CULPABLE

Yo me declaro culpable
de sentir tanta ausencia,
de quererte, de amarte…
¡Detenme sin clemencia!

Vivo unido a tus cadenas,
esas que tanto me matan,
esas que tanto me pesan
y que a tu sonrisa me atan.

Pídame el juez la perpetua,
para poder vivir en tu cárcel,
en esa que está a poca legua
del corazón que en ti late.

Prefiero ser de ti un preso
que un vagabundo perdido
al otro lado de tus besos,
en el recuerdo más hundido.

Dame de beber tu saliva,
para los dioses un elixir,
y de comer tu ambrosía,
para no volver a sufrir.

No siendo sol ni fuego,
calientas a mi corazón.
Sus noches de invierno
pierdo por ti la razón.

No es tu luz la que me ilumina,
sino la oscuridad que te cubre
la que, con tu mágica sonrisa,
hacia la felicidad me conduce.

Déjame mirarte a esos ojos
que de cobre visten los míos,
porque ellos son mis antojos,
porque ellos desatan mis líos.

Dame tus lágrimas que las beba,
sírveme en plato frío tu dolor,
déjame borrar las nubes negras
de tu cielo y descubrir el sol.

32. Canto al amanecer

Yo canto al amanecer.
Dibujo en mi mente
una brisa encender,
mi risa, quizás demente.

Tal vez mi alegría
de pronto se torne
como en lluvia la brisa,
volviendo el día noche.

No sé si mi corazón siente,
o mis labios dibujan la risa.
No sé si mi cuerpo miente,
y mis ojos, igual, ni miran.

Canto al amanecer,
porque la noche se ha ido,
y el sol parece crecer
por entre los eucaliptos.

Parece que la negrura
ha dejado paso al día.
Parece que la locura
ya retorna a su guarida.

Parece comenzarse a llenar
el cielo de zafiro y de oro.
Parece que ya no llorará
y la risa aparecerá del lodo.

Y, a pesar de todo aquello,
la vista alcanza el ayer:
veo claro el futuro bello,
pero no dejo el pasado de ver.

33. ANOCHE SOÑÉ

Anoche soñé que era poeta,
y en tus suaves manos de coral
creaba con mi sangre un poema,
y en tu pelo esculpía con la mar.

Anoche soñé que, cerca de ti,
me convertía en compositor
y, para tus labios color carmín,
creaba una canción de amor.

Anoche quería coger las estrellas
y envolverlas con arena de luna,
y regalártelas a ti, mi princesa,
por ser una mujer como ninguna.

Anoche quería ser escritor
y escribir una historia nuestra,
en la que tú fueses mi amor
y yo, el príncipe que te quiera.

Anoche quise no volver a despertar
por no volver a tenerte como hoy,
tan lejos de mí que no te puedo tocar
ni volver a ser el hombre que soy.

34. ¿DÓNDE ESTÁ AQUELLA SIRENA?

Yacía la mar en calma
y la tierra era esparcida
por la constante brisa,
bañando toda mi alma.

El sol, cansado y bermejo,
hacía su última aparición
tras los montes de cartón
que se alzaban a lo lejos.

Unas nubes enrojecidas
comenzaban a tapar el sol
como mantas de algodón
junto a la luna dormida.

De pronto, en la arena,
tu nombre escribí entero,
y mi mente lo hacía eterno
en mi corazón de avena.

Y la mar quería ser noche,
y alcanzar su ansiada tierra.
Y el sol, tras una tormenta,
quiso morir tras los montes.

Del aire, se hizo tu aparición
como el de una blanca sirena,
y cayó tu nombre en la arena
y dejó de estar roto mi corazón.

Todo lo que me rodeaba
se postró ante mis pies,
y yo ante ti me arrodillé
y, con tu luz, me cegaba.

Tu cuerpo volvió al polvo
y mis ojos se volvieron a abrir.
¡Ya no estabas junto a mí,
la noche lo envolvía todo!

Quise beberme entonces la mar
y arrancar la tierra a dentelladas,
y atrapar en mis manos encalladas
el aire que parecía querer escapar.

Desapareció aquella sirena
y todo lo demás sigue allí.
Y mi corazón quería morir
y derretirse entre la arena.

Quiero buscar esa sirena
que me hizo sufrir cautivo
y que ahora me hace nativo
de una mar sin agua ni arena.

35. ¡LLORA LA GUITARRA!

A Ecos del Rocío

¡Llora la guitarra tras los bastidores!
¡Tiembla el auditorio con poderío!
Esa voz que crece en todo el gentío
tras nacer en el pecho de sus autores.

Se erizan bravos los cabellos
de los espectadores asistentes,
y las palmas se hacen presentes,
y los tacones brillan en destellos.

Ese bermejo clavel que vuela
como la nube que cruza el cielo,
y que parará a los pies de ellos,
esos cuatro ángeles que rezan.

Cuatro ángeles que rezan,
cuatro voces que nos guían
hasta donde los sueños ansían
a la grupa de sus cuerdas.

Ecos que vienen y se van
hasta donde espera el Rocío,
que junto a ella han crecío
y junto a sus regazos dormirán.

¡Llora la guitarra tras los bastidores!
¡Tiembla el auditorio con poderío!
Un homenaje hoy le hago al brío
de esos cuatro grandes corazones.

Caminantes de sus letras
que con magia funcionan,
que con arte ellos invocan
tantos sueños que despiertan.

Y les agradecemos sus cantares,
y les acompañamos en sus rezos,
porque la tierra se deshaga a besos
y se acaben todos nuestros males.

Y hacen homenaje tras homenaje:
a la abuela, a las mujeres de entonces,
o a nuestra difunta peseta, o al pobre,
o al enamorado, o al mismo miserable.

Le cantan a esa niña enamorada
que construye un amor nuevo,
o a la rutina, o al camionero
cuya vida tiene la gloria ganada.

¡Llora la guitarra tras los bastidores!
¡Tiembla el auditorio con poderío!
Queremos el sueño que Ecos del Rocío
nos rememora y da con sus honores.

36. DE MI VACÍA ALMA

Mi vida ha llegado aquí…
                    ¿Y qué?
El río al mar va a morir…
                    ¿Por qué?

¡Mi alma está tan vacía…!
Y mi mente tan triste
en el aburrimiento sumida,
en vivir ya no insiste.

Mi vida aquí ha llegado…
                    ¿Y qué?
El río en el mar ha acabado…
                    ¿Por qué?

Necesita enamorarse mi corazón
de una mujer que mi alma llene,
que para vivir me dé una razón
para que mi vida a su final llegue.

Mi vida con ilusión seguirá…
¡Y así deberá ser!
El río de la mar se enamorará…
¡Y, de nuevo, a nacer!

37. TRAS UNOS OJOS APENADOS

Tras unos ojos apenados
he visto el sufrimiento,
he visto a dos condenados
pedir ayuda sin aliento.

Tras diez y pocas primaveras
he visto brillar el dolor,
he visto derrotar a la pena
con el coraje y el valor.

Sus ojos, azules diamantes,
relucían tras la pena ahogada.
Sus cabellos, oro y diamantes,
caían suaves por su espalda.

Sus manos tiernas de papel
se abrían ante el auditorio.
Sus ojos dejaban caer
lágrimas por su rostro.

Tras esos ojos apenados
he visto del pobre su condena,
he visto lucir, acompasados,
el coraje, el valor y la miseria.

Tras esos ojos apenados
lágrimas no cesaban de caer,
sueños aún no alcanzados,
felicidad que no puede conocer.

Lágrimas de diamante,
lágrimas de fino cristal,
lágrimas que arden
tras el fuego del desigual.

38. Sueña la mar

Sueña la mar con los ríos
que cabalgan a sus regazos;
y con el sol, con sus abrazos,
sueña la luna entre suspiros.

Sueña la mar con la tarde
al caer sobre sus faldas,
bajo un cielo esmeralda
que se pierde mientras arde.

Sueña la mar con las olas
que despiertan con la brisa,
que a tierra marchan deprisa
en busca de las playas solas.

Sueña la mar entre palmeras
con la noche sin blanca luna,
como el sediento en la duna,
tras un manto de finas estrellas.

Sueña la mar con el claro sol,
con subir y tocar el raso cielo
que, como el niño con anhelo,
espera algún día a ser mayor.

Sueña la mar con sus barcos
al acariciar su azulada piel,
mientras navegan sin perder
la estrella que los va guiando.

Sueña la mar. Sueñan sus olas.
Sueñan con lo que más brilla,
con todas aquellas maravillas
que a nuestros ojos enamoran.

39. AQUELLA SONRISA

Aquella brillante sonrisa
me dejó cautivo al verla,
como deja al mar la brisa
cuando a sus olas peina.

Me dejó enmudecido,
y mis recuerdos quedaron
en el más profundo olvido.
¡Todos se quemaron!

Blanca y mágica sonrisa
que encendiera la noche,
que trajera a mí la risa
que mi cuerpo recorre.

Sonrisa de puro marfil,
ojos de crudo diamante,
de bella mirada sin pulir,
rico tesoro su semblante.

Con su pelo de lacio caer
sobre su tierna espalda,
dejándose a veces coger
por el viento que la aclama.

Así es la sonrisa de esa mujer
que el otro día sentí a mi lado.
Así es ese tesoro del que mi ser
espera estar algún día enamorado.

40. QUISIERA SECAR TU LLANTO

Quisiera secar su llanto
con un pedazo de luna
y arroparte con un manto
de estrellas en mi cuna.

Quisiera ser el viento suave
que juega con tu cabello,
y ese charco en la calle
que refleja tu rostro bello.

¡Quién pudiera ser la rosa
que en tus manos se hospeda!
Aunque esa flor tan hermosa
junto a ti en nada queda.

Envidia les tengo a mis ojos,
porque te roban una mirada,
y a esos labios sin despojos
que tienen tu sonrisa atrapada.

¡Quién pudiera soñar con tu pelo,
tan negro como la noche cerrada!
¡Quién pudiera entrar por tu pecho
al corazón para hacerte enamorada!

41. CAMINO DE CAMPILLOS

Madrugada de un frío domingo,
comienzo mi larga caminata
por entre los verdes olivos
de la sierra sur sevillana.

En las cumbres de la calva sierra,
observo como a lo lejos se dibujan
luceros blancos sobre la tierra,
verdes campos sobre la llanura.

Camino entre extensos esparragales,
de Navahermosa hasta Campillos,
por entre plácidos y verdes olivares,
entre iglesias y viejos cortijos.

El sol ilumina esa alegre alma
de esta tierra, cada día más hermosa,
y la luna, entre luceros en calma,
da cobijo a su noche tan misteriosa.

Tras tímidos y lánguidos cerros,
llego a ese pueblo enamorado,
a ese pueblo al que me acerco
por entre cortijos blanqueados.

El tiempo se pierde en el olvido
y la paciencia llena entonces mi ser.
A la meta he llegado de mi camino:
ese pueblo del que me enamoré.

42. EL AMOR HERIDO

Resuena el silencio al pasar
por mi mente despistada,
triste en la desesperanza
por un amor que nunca será.

La oscuridad oculta la luz
poco a poco, y las estrellas
de su lado huyen perplejas
tras la luna y su gran cruz.

La ilusión ya desapareció,
la esperanza se vuelve necia
y mi corazón me desprecia:
solo ama a aquel amor.

¿Es tal vez por todo aquello
que mi vida ya no vale?
¿Es por eso que no salen
mis ojos y sus destellos?

Mi corazón está sufriendo,
en su lecho yace enamorado.
Herido esa mujer lo ha dejado,
mi corazón ya está muriendo.

43. NOCHE FRÍA DE INVIERNO

Noche fría de invierno.
Mis lágrimas congeladas
se pierden en mis pestañas…
Mi corazón está muriendo.

Noche del frío noviembre.
Cae mi cuerpo desvanecido
en el jardín que ya ha sido
nuestro lecho de muerte.

Mi rostro se torna escarcha.
Mi mente ha dejado de pensar
en aquellos sueños por llegar
junto a mi paloma blanca.

Mis pies ya no pueden andar
por entre los largos pasillos
de aquel palacio, del castillo,
que soñábamos con habitar.

Y petunias, rosas, pensamientos…
se desvanecieron en la nada,
junto a la alegría y la esperanza,
junto al amor y mis sentimientos.

44. AL SUR DE LOS SUEÑOS

Al sur de los sueños
cae el agua a chorro.
Al sur, en mis adentros,
se torna la liebre zorro.

Al sur se acuesta la luna
en la tierra del ruiseñor.
Y la amapola, en su cuna,
sueña con ser mayor.

Al sur llora la tierra,
triste es la añoranza:
recuerdos hacen eterna
la vil desesperanza.

Al sur todo se vuelve negro,
el mar se seca despacio
y ya no canta el carbonero
entre olivos y peñascos.

Al sur me toca la brisa
que corta mi dolor profundo.
Mi corazón late deprisa,
mi mente se evade del mundo.

Al sur, en mi mente,
se derrite el hielo;
la alegría está demente,
¡todo ya es cieno!

45. SAN VALENTÍN

Catorce de cualquier febrero:
qué significado tan profundo,
qué nostalgia de amor eterno,
la que rodea este ciego mundo.

Yo sueño en nosotros solamente:
«Los dos posamos muy enamorados
para esa luna que dibuja mi mente,
solos y muy muy abrazados».

Yo sueño en ese bello jardín
en el que estamos entonces,
lleno de rosas de rojo carmín,
y de otras hermosas flores.

Tú me cautivas con una sonrisa,
yo te recito unos versos de amor;
juntos queremos ante esta brisa
unirnos para siempre en un corazón.

Quisiera verte sonreír así
durante el resto de mis días.
No quisiera verte más sufrir
por nada ni nadie en esta vida.

Quiero que este sueño afín
se convierta en realidad,
cada día de San Valentín
hasta que llegue al final.

46. TRISTE SIN TI

Muere el alma, en pena.
Palidecen las aves
que, tristes, vuelan
al compás de una salve.

En el cielo no hay colores
y aquel río ya no llora.
Atrapado en sus dolores,
muere el corazón ahora.

Mis ojos ya no te ven
y por eso ya no miran;
sin tu cuerpo de satén,
ya ni siquiera brillan.

Mis labios, ya quebradizos,
no tocan los tuyos intensos,
ni puedo acariciar tus rizos,
ni respirar con tus besos.

¡No puedo vivir así!
Con este fuerte dolor
en mi pecho carmesí
que duerme mi valor.

Mi corazón pide al cielo
poder en mis ojos verte
y que se pare el tiempo,
que nunca deje de tenerte.

Solo me queda un lucero
en este mar de oscuridad:
que, pronto, el día entero
será nuestro y nada más.

47. QUIERO QUE ASÍ SEA

Quiero ser un valiente marinero
para surcar los mares de tu pasión,
para ser, tras tus rejas, prisionero...
Quiero ser tu pirata conquistador.

Quiero ser un coleccionista fiel
para, así, coleccionar tu sonrisa,
tan clara y dulce como la miel,
tan suave y leve como la brisa.

Quiero besar tus labios de carmín
y acariciar tu tersa y blanca piel,
y tocar tu cabellera rubia sin fin,
abrazarte para de amor arder.

Quiero morir junto a ti, mi duna,
abrasado por el amor que nos une
bajo la noche clara de llena luna,
mientras nuestras almas se funden.

Quiero que cojas mi áspera mano
y confieses el amor que sientes,
y besarte y decirte un «te amo»,
y mirarnos con miradas pacientes.

Amor mío, ámame para siempre,
que si algún día me olvidases,
para mí, la envenenada muerte
sería el final de nuestros viajes.

48. ESPADAS, BRUJOS Y PRINCESAS

Bello mundo con espadas y brujos,
colmatado de luchas y princesas,
de hombres valientes y muy duros
que dejan su piel por esas bellezas.

Esas damas que rezuman alteza,
inocencia, bondad... y, además,
te transforman en su lograda presa,
te atrapan en su profunda paz.

Juntos a un son, el bosque y el cielo
se convierten en el más querido hogar
de unos solitarios, tristes, caballeros,
cuyo destino es siempre deambular.

Los brujos con sus encantamientos,
perdidos en sus bosques oscuros,
en esos viejos y abollados calderos
sentencias preparan con sus jugos.

En la fragua del herrero se forma
la mejor espada para el caballero.
El fuego y el martillo la forjan
y que de la guerra vuelva entero.

Espadas, brujos y princesas,
todos juntos en mis sueños
aspiran conseguir sus metas:
forjar leyendas, salir enteros.

49. SIGUE EN ESE SUEÑO

Cierra tus ojos fuerte.
Verás brillar un lucero.
Y, tras el lucero, un jardín.
Y, tras el jardín, un beso.
Dime, ¿estoy yo junto a ti?
Si soy yo, sigue en ese sueño.

50. ALMA, SONRISA, MISTERIO, BONANZA...

Alma, sonrisa, misterio, bonanza...
¡Mis valientes, aquí el ancla echad,
que he hallado en tierra una lanza
que atravesará mi corazón en canal!

Alma, sonrisa, misterio, bonanza...
Cuán sonrosados sus mofletes
han eclipsado rápido mi mirada;
sus ojos han apresado mi mente.

Alma, sonrisa, misterio, bonanza...
Guerrero invencible, valiente y tenaz
ha sido convertido en una danza
de sosegada calma, de horrorosa paz.

Alma, sonrisa, misterio, bonanza...
Tiembla toda la faz de la tierra
al no oír ya el clamor de mi lanza,
al no sentir verter la sangre en la era.

Alma, sonrisa, misterio, bonanza...
En la oscuridad no brillan los fuegos
que las flechas vertían en mis campañas;
el enemigo solo existe en mis adentros.

Alma, sonrisa, misterio, bonanza…
¡Oh, mi reina! Me arrodillo ante vos:
decidme que agote mis matanzas
y mi vida quedará en vuestro corazón.

Índice